BEI GRIN MACHT SICH IHR WISSEN BEZAHLT

AF144509

- Wir veröffentlichen Ihre Hausarbeit,
  Bachelor- und Masterarbeit

- Ihr eigenes eBook und Buch -
  weltweit in allen wichtigen Shops

- Verdienen Sie an jedem Verkauf

Jetzt bei www.GRIN.com hochladen und kostenlos publizieren

Christoph Zamilski

Quellenkritik: H. U. Abshagen: „Generation ahnungslos – Momentaufnahmen eines 17-jährigen"

GRIN Verlag

Bibliografische Information der Deutschen Nationalbibliothek:

Die Deutsche Bibliothek verzeichnet diese Publikation in der Deutschen National-
bibliografie; detaillierte bibliografische Daten sind im Internet über http://dnb.d-
nb.de/ abrufbar.

Impressum:

Copyright © 2007 GRIN Verlag GmbH
Druck und Bindung: Books on Demand GmbH, Norderstedt Germany
ISBN: 978-3-640-29159-5

Dieses Buch bei GRIN:

http://www.grin.com/de/e-book/124311/quellenkritik-h-u-abshagen-generation-
ahnungslos-momentaufnahmen

JUSTUS-LIEBIG-UNIVERSITÄT GIESSEN

Seminar für Didaktik der Geschichte

Geschichts- und Kulturwissenschaften

Basismodul: Theoretische und methodische Grundlagen

Kriegskindheit zwischen Hitlerjugend und Nachkriegszeit

QUELLENKRITIK: H. U. ABSHAGEN: „GENERATION AHNUNGSLOS – MOMENTAUFNAHMEN EINES 17-JÄHRIGEN"

Sommersemester 2007

CHRISTOPH ZAMILSKI
2. Semester, Lehramt

INHALT

I QUELLENKRITIK (ANALYSEEBENE)

A Quellenbeschreibung

Bei der vorliegenden Quelle handelt es sich um ein 104-seitiges Buch, das derzeit über den Buchhandel und sehr wahrscheinlich auch über Bibliotheken überliefert wird. Der Titel des Buches ist u.a. dem Umschlag zu entnehmen und lautet: „Generation Ahnungslos. Momentaufnahmen eines Siebzehnjährigen '44"[1] Es liegt nicht das Original vor, sondern ein Druck aus der ersten Auflage. Der Zustand der Quelle ist ohne Beanstandung: es sind keine Gebrauchsspuren festzustellen, sie ist vollständig und durch die gute Druckqualität ohne weiteres lesbar. Das Buch ist in einen Hardcover gebunden (Maße: 21,6x13,5 cm).

B Textsicherung

1 Äußere Kritik (formale Aspekte)

Die Quelle entstand 2003 in Berlin[2] und wurde von Hans Ulrich Abshagen verfasst. Der Klappentext des Buches liefert einige Angaben über den Verfasser:

> „Dr. Hans Ulrich Abshagen, geb. 1926, Philologe, war Geschäftsführer verschiedener Industrie- und Handelsgesellschaften, seit 15 Jahren Aufsichtsrat in bedeutenden Unternehmer. Führt Seminare für Aufsichtsräte durch."

Der Adressat des Buches dürfte nach dem u.U. kommerziellen, mit großer Wahrscheinlichkeit aber ideologischen Anliegen des Autors die Öffentlichkeit sein; dem entspricht auch die Veröffentlichung über einen Verlag.

Die Quelle besteht aus eigenen Erinnerungen und Erfahrungen aus den Monaten Juni bis November 1944 während der militärischen Ausbildung in Westpreußen, die der Verfasser nach 59 Jahren aufzeichnete. Als Gedächtnisstütze dienen Abshagen seine Briefe aus der beschriebenen Zeit, die er im Nachlass seiner Mutter fand.[3] Nach eigenen Angaben wirkten beim Verfassen des Buches Katarzyna Gladek, seine Reisebegleiterin durch das ehemalige Westpreußen, Nikolas Fasolt und Irene Teichert, als Berater für

---

[1] Sämtliche nachfolgenden Zitate und Seitenangaben beziehen sich – sofern nicht anders angegeben – auf dieses Buch: Hans U. Abshagen: Generation Ahnungslos. Momentaufnahmen eines Siebzehnjährigen '44, Berlin 2003.

[2] Das Vorwort wurde im „Mai 2003" verfasst (8), ebenfalls wird das Copyright mit „2003" angegeben (4).

[3] 7.

Zeitgeschichte und militärischen Fragen und als literarische Beraterinnen Christine Demmer, Regina C. Henkel und Angelika Rafael mit.[4] Nach Fertigstellung des Manuskripts publizierte es 2003 der Zeitgut Verlag in Berlin in der vorliegenden Form.

2 Innere Kritik (inhaltliche Aspekte)

a) Sprachliche bzw. stilistische Aufschlüsselung

Die Quelle ist in deutscher Sprache abgefasst. Viele Begriffe stammen aus dem militärischen Fachbereich, sind aber im Anhang unter „Begriffs-Erläuterungen"[5] erklärt. Die Sprache ist gut verständlich, was wohl daran hängen dürfte, dass das Buch in unserer Zeit verfasst wurde. Der Stil der Sprache ist einfach und umgangssprachlich, was einerseits mit der Intention des Autors, die Zeit der Militärausbildung (subjektiv-) authentisch[6] und „mit den Gedanken und der Sprache des damals Siebzehnjährigen darzustellen"[7] begründet werden kann, andererseits mit dem ernorm hohen Anteil direkter Rede verbunden mit der Ich-Perspektive des Verfassers. Insgesamt sind die Sätze überaus kurz und sehr knapp gehalten. Der chronologische Aufbau des Textes orientiert sich im Hauptstrang des Berichts an der Reihenfolge der Gescheh- und Erlebnissen im behandelten Zeitraum. Häufig werden allerdings auch Gedanken und Begebenheiten aus der Vergangenheit in Rückblenden erwähnt.

b) Sachliche Aufschlüsselung

Die Quelle berichtet über die Zeit des Grenadiers Hans Ulrich Abshagen in der Ausbildung in Westpreußen (v.a. in Thorn[8]) in der Endphase des Zweiten Weltkrieges (1939-1945) von Juni bis November 1944. In diesen Zeitraum fällt das Hitler-Attentat vom 20. Juli 1944, das eine entscheidende Rolle im vorliegenden Buch spielt.

---

[4] Vgl. 6.
[5] Vgl. 99-104.
[6] „Alles, was ich schreibe, hat so und nicht anders stattgefunden." (7)
[7] 7.
[8] Im 2. Weltkrieg wurde Thorn 1939 mit dem deutschen Überfall auf Polen von deutschen Truppen besetzt und an das Deutsche Reich angegliedert (Reichsgau Danzig-Westpreußen). Von Januar bis Mai 1945 wurde das Gebiet von Danzig-Westpreußen von der Roten Armee auf ihrem Vormarsch zur Weichselmündung besetzt.Vgl. dazu z.B. Oldenbourg Grundriss der Geschichte (OGG), Das dritte Reich.

Die Nazi-Propaganda beschuldigte Stauffenberg und die Verschwörer des 20. Juli des Landesverrats[9]. Die Motive für den Anschlag werden z.T. kontrovers diskutiert, einige Punkte scheinen aber im Großen und Ganzen Konsens zu sein: (1) Die heutige deutsche Geschichtsschreibung sieht überwiegend das „nationale Interesse" als Hauptmotiv an. Die aussichtslose Lage an den Fronten und der zunehmende Realitätsverlust Hitlers, der sinnvolle kriegsstrategische Entscheidungen verunmöglichte, ließ einen katastrophalen Ausgang und den Tod von Millionen absehen. Nur mit der Ausschaltung Hitlers konnte diese Tragödie im nationalen Interesse Deutschlands abgewendet werden. (2) Inzwischen waren mitunter viele Offiziere Zeugen von Massentötungen von Unschuldigen geworden. U.a. befürchtete man eine dauerhafte Schädigung des deutschen Rufs und eine Auferlegung moralischer Schuld für kommende Generationen.[10]

Diese Gründe werden in der Quelle – wenn auch nicht in direktem Zusammenhang mit dem Attentat – genannt:

> „Den Seekrieg haben wir verloren.", „Den Luftkrieg haben wir auch verloren.", „Wir sind in den Augen der restlichen Welt ein Volk von Verbrechern! [...] Wir haben Tausende, nein Millionen von Menschen in Deutschland ermordet. Systematisch umgebracht. Die Juden. Das wird uns die Welt nie vergessen. Die Rache wird grausam sein."[11]

II QUELLENKRITIK (DEUTUNGS- UND AUSWERTUNGSEBENE)

A Inhaltsangabe

Im Buch Generation Ahnungslos. Momentaufnahmen eines Siebzehnjährigen '44 von Hans U. Abshagen, erschienen 2003 im Zeitgut Verlag Berlin berichtet der Autor über seine Erlebnisse in den Monaten Juni bis November 1944 während seiner militärischen Ausbildung zum Infanteristen in Thorn/Westpreußen. Diese Zeit hat sein Leben tiefgreifend „geprägt"[12].

Der siebzehnjährige Hans Ulrich Abshagen will seinem Vater Offizier Wolfgang Abshagen, der als Leiter der militärischen Abwehr im Oberkommando der Wehrmacht (OKW)[13] in Paris stationiert ist, auf der militärischen Laufbahn nachfolgen.[14]

---

[9] „Hochverräter", 62.
[10] Vgl. Wolfgang Venohr, Stauffenberg - Symbol der Deutschen Einheit, 339ff.
[11] 64f.
[12] 8.
[13] Vgl. z.B. 42 und 94.

Sein Leben als Militär besteht aus „Befehlen und Gehorchen"[15], politisch ist er „ahnungslos"[16], was einerseits daher rührt, dass er sich für Politik nicht interessiert:

> „Warum muss ich eigentlich Hintergründe kennen? Warum muss ich von Politik etwas wissen? Warum darf ich nicht das sein, was ich sein will: Ein guter Soldat, der treu ist und sein Vaterland beschützt."[17]

Andererseits wird auf ausdrückliche Anordnung des Vaters[18] „über Nationalsozialismus [...] zu Hause nicht gesprochen"[19]. Der Vater zieht intellektuelle Gespräche mit der älteren Schwester Ulrichs, Ilse, vor. Auch Ulrich ist eher ein Intellektueller, wenn auch nicht auf dem Niveau seiner Schwester. Er genoss eine Erziehung zum selbstständigen Denken und eigenverantwortlichen Handeln[20] und beschäftigt sich – durch seine Schwester motiviert – mit Philosophie.[21] Möglicherweise lässt sich auch damit plausibel machen, warum Ulrich kein „strammer Hitler-Junge"[22] ist und auf eigenständiges Denken und einen differenzierten Standpunkt wert legt.[23] Seine Beweggründe ein guter Offizier[24] zu werden sind – vom Vorbild des Vaters abgesehen – das Erringen von Ruhm[25], Kampfes-, Sieges-[26] und v.a. Abenteuerlust, gepaart mit einer gewissen Naivität.[27] Bei den militärischen Manövern ist er immer bestrebt, zu den Besten zu gehören. Während der Wachdienste beschäftigt er sich in Gedanken mit Rose, seiner Geliebten.[28] Ungeduldig warten die jungen Offiziersanwärter auf ihren Einsatzbefehl.

Über die Fakten des NS-Regimes bleibt Ulrich uninformiert. Er glaubt an den vom „Völkischen Beobachter" und den Lehrern „Zum Weltanschaulichen Unterricht"[29] propagierten Endsieg[30], der mit der „beste[n] Wehrmacht der Welt"[31], der Geheimwaffe

---

[14] „Ich wollte immer so sein wie Väti." (45) „Mein Vater [...], mein großes Vorbild bis zum heutigen Tage." (94) „Kein Mensch hat mein Leben so nachhaltig beeinflusst wie er." (95)

[15] 8.

[16] 7 u.a.

[17] 44.

[18] Vgl. z.B. 39.

[19] 7.

[20] 38.

[21] Vgl. 35 und 62.

[22] 44 und 49.

[23] „Trotzdem habe ich mir vorgenommen, was Eigenständiges zu sagen." (10) Vgl. dazu auch 44 und 76.

[24] Vgl. 76.

[25] Vgl. 12.

[26] Vgl. 90.

[27] „Ich glaube, was uns am meisten bewegt, ist Abenteuerlust. Ich fürchte bloß, wir wissen nicht, worauf wir uns eingelassen haben..." (35)

[28] Ihr ist das vorliegende Buch auch gewidmet (vgl. 6).

[29] Vgl. 27.

[30] Vgl. ebd.

V 2 und der Messerschmitt 262[32] errungen werden würde. Es ist für ihn unvorstellbar, „dass wir die Russen durchlassen"[33] und die Feinde ins Reich eindringen würden. Mitten in seine Ausbildung platzt die Nachricht, „dass ich der Sohn eines Hochverräters bin, eines Teilnehmers an der Vorbereitung des Attentats gegen Hitler am 20. Juli 1944."[34] Mit der Mitteilung über die Inhaftierung seines Vaters gerät Ulrichs Weltbild ins Wanken.[35] Sein Vorgesetzter Oberstleutnant Junkmann – ein „Nazi-Gegner"[36] – arrangiert ihm eine Reise nach Berlin, um dort seinen Vater im Moabiter Gefängnis aufzusuchen. Er gerät nun außerhalb seiner Ausbildung in engeren Kontakt mit dem Regime. Ihm ist klar: „Wenn ich meinen Vater sehen wollte, dann musste ich jetzt einen ganz strammen Hitler-Jungen spielen."[37] Es gelingt ihm, vom Chef der Gestapo, Heinrich Müller, persönlich eine Besuchserlaubnis zu bekommen. Das Gespräch mit dem Vater im Gefängnis wird überwacht und aufgezeichnet, über die Gründe der Verhaftung dürfen die beiden nicht sprechen. Nach zehn Minuten ist die Besuchszeit vorbei.

Durch die Vorwürfe gegen seinen Vater kommt Ulrich zum Nachdenken. Den Gedanken, dass sein Vater etwas mit dem Attentat zu tun haben könnte, verwirft er, denn „er hat doch den Eid auf den Führer geschworen."[38] Doch immer wieder kommen ihm mögliche Indizien in den Sinn, die für eine distanzierte Haltung seines Vaters gegenüber dem NS-Regime und somit u.U. auch für die Verwicklung in das missglückte Attentat auf Hitler sprechen könnten.[39]

Nach dem Besuch im Gefängnis ergibt es sich, dass Ulrich zu Hause während eines Fliegeralarmes mit seiner älteren und sehr gebildeten Schwester Ilse ins Gespräch kommt. In dieser Unterhaltung informiert ihn Ilse, die Auslandssender hört, über den tatsächlichen Stand des Krieges und über die Verbrechen der Deutschen: dass die Deutschen den Krieg verlieren würden, dass Deutschland Polen angegriffen hätte (nicht umgekehrt, wie die deutsche Propaganda verkündete), dass die Medien von der NS-

---

[31] Vgl. ebd. und 62.
[32] Vgl. 26.
[33] 26. Vgl. auch 87f.
[34] 7.
[35] „Seitdem hat sich die Welt verändert." (45) Vgl. auch 48.
[36] 7.
[37] 49.
[38] 38.
[39] Vgl. 71: „Zu Hause hörte ich zwar nie etwas Gutes, aber auch nie etwas Schlechtes über Hitler-Deutschland. […] Deutsche Politik war bei meinem Vater zu Hause kein Thema. Kann das mit seiner Verhaftung etwas zu tun haben?" Vgl. dazu auch 37f, 49, 57 und 73.

Regierung manipuliert werden würden, dass der See- und der Luftkrieg für Deutschland desolat verliefen, dass Juden systematisch ermodert worden wären und dass das deutsche Volk in den Augen der anderen Nationen als ein Volk von Verbrechern galt.[40] Auf die durch die deutsche Propaganda beeinflussten Einwände Ulrichs reagiert Ilse geradezu lakonisch:

> „Das hat uns die Propaganda beigebracht. Aber fast jedermann auf der Welt weiß, dass das nicht stimmt."[41], „Ich meine, wir sollten uns die Tatsachen ansehen, keine Meinungen, was wäre wenn, sondern nur Tatsachen."[42]

Ulrich muss seine Unwissenheit zugeben[43] und letztendlich – nach Ilses Attestierung seiner Blauäugig- und Ahnungslosigkeit[44] – schweigen. In den folgenden Tagen beschäftigt Ulrich dieses Gespräch und er kommt ins Zweifeln: „Wäre es möglich, dass es stimmt, was sie gesagt hat…?"[45] Doch umgehend zerstreut er seine Bedenken: „Ganz ausgeschlossen. Das ist Feindpropaganda. Ganz geschickte Feindpropaganda."[46] Gewollt verharrt er in seiner Ahnungslosigkeit:

> „Wovon soll ich denn eine Ahnung haben. Ich mag nicht denken, unser Staat sei nicht in Ordnung. In der Schule und im Jungvolk habe ich gelernt, dass ich stolz sein kann auf unser Deutschland. Und andere Völker haben keinen so guten Staat wie wir. Deutschland ist ein Vorbild für andere Völker!"[47]

Allerdings wagt er nach langem Zögern Oberleutnant Junkmann zu fragen, ob das stimmt „mit den Juden und den Lagern."[48] Dieser aber entzieht sich energisch der Antwort und verlangt Ulrich das Versprechen ab, diese Frage nie gestellt zu haben. Junkmann ist es auch, der Ulrich das Telegramm vorliest, in dem die Freilassung seines Vaters bekannt gegeben wird. Kurze Zeit später kommt der Einsatzbefehl für Ulrich und seine Kameraden. Die Kampfeslust flammt erneut auf: „Wir werden es den Sowjets zeigen! Bei uns kommen die nie durch. Nie!"[49]

---

[40] Vgl. 62-65.
[41] 63.
[42] 62.
[43] „Das wusste ich nicht." (63)
[44] Vgl. 64.
[45] 69.
[46] Ebd.
[47] 71.
[48] 84.
[49] 87.

B Eingrenzung des Aussagebereiches

1 Zum Verfasser der Quelle

Der Verfasser der Quelle schreibt mit einem Abstand von 59 Jahren in Berlin seine Erlebnisse aus dem Jahr 1944 in Westpreußen auf, d.h. die zeitliche Distanz ist relativ groß, die räumliche weniger. Der Anlass dieses Buch zu verfassen, war vermutlich eine Aufarbeitung der Vergangenheit des zum Zeitpunkt der Niederschrift 76-Jährigen Hans Ulrich Abshagen, v.a. die Beziehung seines Vaters zu ihm, das Verhältnis seines Vaters zum NS-Regime und dessen Verbindung zum Attentat vom 20. Juli 1944 und schließlich seine eigene Einstellung zum Nationalsozialismus und seine Rolle beim Militär. Erschien es dem Autor damals absurd, dass sein Vater gegen seinen Eid verstoßen und Hochverrat begangen haben könnte, so versucht er heute selbstbewusst, das Leben seines Vaters, besonders seine Beteiligung am Widerstand gegen den Nationalsozialismus um Stauffenberg[50], zu durchleuchten[51] und der Öffentlichkeit zugänglich zu machen. Sein Sinneswandel hängt offenbar mit seiner inzwischen aufgeklärt-distanzierten Einstellung zum NS-Regime zusammen. Hatte er damals zwar eine differenzierte Haltung zu „Hitler-Deutschland" und der Führer-Hörigkeit, war er jedoch grundsätzlich – obwohl intellektuell – eher naiv von der Sinn- und Werthaftigkeit des Zweiten Weltkriegs und seinem militärischen Einsatz überzeugt. Fraglich ist, ob seine im Buch überaus häufig betonte Ahnungslosigkeit nicht gewollt, zumindest aber selbstverschuldet und von ihm geduldet war. Laut Aufzeichnung hätte er oftmals mehr oder weniger offensichtlich die Möglichkeit gehabt, mit den Propaganda-Lügen aufzuräumen und den Tatsachen ins Gesicht zu sehen – was er aber allem Anschein nach nicht wollte.[52]

---

[50] Wolfgang Abshagen wirkte mit bei der Vorbereitung des Attentats auf Adolf Hitler am 20. Juli 1944. Der Freigabeschein für den Sprengstoff, den Oberst Graf Stauffenberg im Führerhauptquartier in der Wolfsschanze einsetzte, um Hitler zu beseitigen, trug seine Unterschrift. „Nach dem Krieg stellte die Stiftung 20. Juli 1944 förmlich fest, Wolfgang Abshagen habe bei der Widerstandsbewegung aktiv mitgewirkt." (96)
[51] Vgl. 95-97, v.a. 97.
[52] Vgl. dazu v.a. die Zitate 46 und 47.

2 Zur Quelle

Es ist davon auszugehen, dass die in der Quelle gemachten relevanten Angaben im Kontext des Zweiten Weltkriegs mit der historischen Wirklichkeit übereinstimmen.[53] Unterm Strich berichtet die Quelle relativ wenig über damalige Persönlichkeiten oder politische Begebenheiten, was aber daran liegen dürfte, dass die Intention des Autors nicht darin bestand, ein Sachbuch zu verfassen, sondern aus seiner früheren Sicht zu erzählen, die sehr auf das Leben beim Militär beschränkt ist.

3 Formale Aspekte

Dieser Beweggrund schlägt sich auch auf die formalen Bedingungen der Quelle nieder, in der Wortwahl und Stil so gewählt sind, dass die Sprach- und Gedankenwelt des Siebzehnjährigen beim Militär authentischer zum Ausdruck gebracht werden können, was den Informationsgehalt auch dahingehend einschränkt.

---

[53] Vgl. dazu z.B.OGG, Das dritte Reich.

LITERATURVERZEICHNIS

ABSHAGEN, H.U.: Generation Ahnungslos. Momentaufnahmen eines

    Siebzehnjährigen '44, Berlin 2003.

HILDEBRAND, KLAUS: Das Dritte Reich, 6.Auflage, in
Oldenbourg Grundriss der Geschichte (OGG), hrsg. von Jochen Bleicken, Lothar
Gall und Hermann Jakobs, Von der Antike bis zur Gegenwart, angelegt auf 21
Bde., München 1979ff.

VENOHR, WOLFGANG: Stauffenberg – Symbol der deutschen Einheit. Eine
politische Biographie, Frankfurt/Main, Berlin 1986

Eine Quellenbeschreibung (formale und inhaltliche Aspekte) und eine
Quellenkritik (Deutung und Auswertung).

www.grin.com

Dokument Nr. V124311
http://www.grin.com
ISBN 978-3-640-29159-5

9 783640 291595